Quelques notes d'amour

Quelques notes d'amour

Alice White

Et vivre sans aimer n'est pas proprement vivre

Molière, la princesse d'Élide

Au commencement, il y avait l'amour,
Et cela dura toujours...

L'amour est infini
Un moyen de l'exprimer
                        de le célébrer
            de le partager
est la poésie
                pour s'épanouir
                            pour grandir
                pour ressentir
et se sentir
                exister
                            s'évader
                donner
du sens
à son existence

La poésie est un voyage...

Chers voyageurs,

Vous êtes sur le point de naviguer sur les flots
des mots.
Laissez-vous porter, transporter par la brise
des rimes.
Laissez votre esprit divaguer, laissez-vous guider par les vagues
de syllabes.
Il est possible qu'elles (s') y déversent   vous arrosent
leurs vers,   par leurs proses.
Vous allez devoir affronter les courants de mer
et les différents mouvements littéraires.
Bien sûr, des escales seront organisées
entre deux, trois tercets,
Pour vous permettre de plonger dans les mystères, les plus grands secrets,
de la poésie avec sa touche de modernité,
mais aussi et surtout,
De l'amour !

Bon voyage !

 Larguez les amarres !
Jetez l'encre !

Sommaire

Passion

Amoureuse

Avant toi l'ennui
Toi, miracle de la vie
Depuis toi l'amour

Toi

Avant toi, il y avait l'ennui, la vie et ses nuances de gris,

Les nuits sombres, glaciales, taciturnes et leurs monotonies,

Avant toi, l'obscurité régnait imposant silence et désespoir

Entrecoupés par moments par l'effroi, Seigneur Cauchemar au pouvoir

Avant toi, le temps rongeait mon être tout entier jusqu'à disparaître

Était-ce vraiment le sens de la vie? N'était-il pas temps de renaître?

Depuis toi, il y a l'envie de vivre, la joie, ses mille couleurs,

Les jours éclatants, chaleureux, mémorables et leurs petits bonheurs

Depuis toi, la lumière domine exigeant gentillesse et sagesse

Mêlée aux songes éveillés, créativité tu es la maîtresse !

Depuis toi, les instants m'embellissent me rendant plus claire et solaire

Serait-ce le secret de la vie ? Peut-être même de l'Univers ?

Messages d'amour
S'envolent jusqu'à ton cœur
Pour plus de bonheur

Messages d'amour

Sur le sable blanc, je t'écris un court poème
En gros caractères pour te dire « je t'aime »
Un message éphémère, emporté par la mer
Mais visible de l'espace et des autres terres

Dans la terre ferme, un trou creusé à la pelle
Avec une lettre, capsule temporelle,
Un trésor caché, enterré, comme un secret,
Mais conservé des années, une éternité.

Dans une bouteille jetée à la mer
Un vieux parchemin, témoin d'un amour sincère
Errant au hasard et au rythme des courants
Mais faisant le tour du monde, des océans

Dans les pattes d'un jeune pigeon voyageur,
Une enveloppe scellée, cachetée d'un cœur,
Risque de tomber dans les mains d'une étrangère
Mais parcourt le royaume du ciel, ses grands airs

Sur un ordinateur, saisi tout en douceur,
Un petit texte décrivant notre bonheur
Manquant peut-être un peu d'originalité
Mais dans les serveurs à jamais enregistré

Dans ton oreille, tendrement murmurés
Quelques mots aux sons parfaitement agencés
Des sentiments délicatement envolés
Tout droit dirigés vers ton cœur illuminé

Médecin du cœur
À la beauté sans pareille
Revient dans ma vie

Consultation

Pourquoi m'as-tu abandonnée ?
Mon ami, j'ai besoin de toi,
Que tu sois toujours là pour moi.

Que tu soignes mes dépressions,
Déclenches ma dopamine,
Me prennes en consultation,
Pour retrouver ta belle mine.

Que tu guérisses tous mes maux,
Panses mes blessures, mes plaies,
Par la puissance de tes mots,
Par la force de tes pensées.

Que tu répares mon sommeil,
Mes insomnies, hantes mes nuits.
Qu'un joli rêve me réveille,
Pour me sortir de cet ennui.

Que tu effaces mes douleurs,
Mes pleurs, mes tristesses, mes peines.
Et me redonnes des couleurs.
Coule le sang dans mes veines !

Que tu fasses battre mon cœur,
Par ton corps, grimper ma tension,
Pour oublier cette pâleur,
Qui nous procure des frissons.

Que tu réanimes mon âme,
Délaissée, parfois torturée,
En y ravivant la flamme,
Qui, autrefois, nous réchauffait.

Que tu explores mon cerveau,
Pour y découvrir ton visage,
Boostes mes circuits neuronaux,
Afin d'en calmer les mirages.

Prescris-moi une ordonnance,
Avec « cent pour cent de ta présence »
Ô mon médecin tant aimé !

Toi, moi, pour la vie
On s'aime, se nuit, on s'attire
Comme un paradoxe

Paradoxes

Je plonge dans les profondeurs du vide qui comble mon
intérieur,
À la recherche de cette lueur qui assombrit mon cœur.
J'écoute ce silence qui gronde,
Dans mon corps entier, dans mes pensées, et m'inonde.

Je fais des rêves éveillés
D'une extrême lucidité, ancrés dans la réalité.
Entre fiction et illusion,
Je reste dans la confusion.

Je te suis, tu me fuis,
On se nuit, on s'ennuie,
Tu es mon plus, je suis ton moins,
On s'attire comme des a(i)mants lointains.

Sur le fil, tel un funambule, je trace l'algorithme de nos vies,
Entre les virages, dans ma bulle, je crée des courts-circuits.
À nos souvenirs inoubliables, qui ravivent mon amnésie.
À notre amour invivable, qui déclenche cette frénésie.

Proche de moi,
Tu me manques déjà,
Loin de moi,
Je fais une overdose de toi.

Tu me suis, je te fuis,
On se nuit, on s'ennuie,
Je suis ton plus, tu es mon moins,
On s'attire comme des a(i)mants lointains.

Dans mon corps paralysé, aucun signe de vie,
Tout semble arrêté, même mon esprit,
Mes synapses explosent à une vitesse V,
Mes cellules en pleine mitose, continuent de se développer.

Mon passé gravé,
Au plus profond,
S'envole avec l'air expiré,
Par mes poumons.

En l'espace d'un instant,
D'un éternel moment,
On se suit, on s'enfuit,
On se nuit, on s'ennuie.

Vis l'amour et danse
Au rythme de la musique
Osmose des cœurs

La ballade de nos vies

Je me rappelle de cet instant si parfait,
Où tout de blanc vêtu, tu me tendis la main.
L'enfant que j'étais, rougissait et, incertain,
Il souriait se sentant enfin existé.

Dans l'obscurité, ta présence rassurait,
Effaçant mes peurs, me redonnant des couleurs.
Mes craintes disparaissaient, j'étais apaisée,
Toi seul comptait, c'était cela le pur bonheur.

Ma chanson préférée, tu me connaissais bien,
Le rythme nous berçait et ce n'était pas rien.
Deux, trois pas déjà, nous étions moins maladroits.
Tu me tenais délicatement, fou de moi.

Quelques violons et dans ton regard profond,
Comme l'océan, j'y explorais les tréfonds.
De mille éclats et brillant comme un diamant,
Je vis ton sourire charmant, étincelant.

Naturellement, nos lèvres se rapprochaient,
Jusqu'à se toucher, vint notre premier baiser.
Vif, langoureux, mieux que je ne l'imaginais.
Un rêve dont je ne voulais me réveiller.

Quatre pas en avant puis trois pas en arrière,
Coup de cymbales, et dans tes yeux, je me perds.
Tourne, tourne, je ne suis plus vraiment moi-même.
Dans un bref murmure, tu me souffles « Je t'aime ! ».

Ton parfum exaltant, enivrant, m'ensorcelle,
Pianos, guitares, quelques violoncelles,
Tes mains sur mes cuisses affrontent ma sagesse.
Mise à nue, ta tendresse dicte tes caresses.

Mon cœur bat au rythme des tambours, régulier,
Frôle la tachycardie. Quelle symphonie !
Aimée, envoûtée, je vois défiler ma vie.
Adieu innocence qui me définissait !

Les paroles se démêlent et s'entremêlent,
En ta pleine possession, pourtant si libre,
Tel un ange, je me sens pousser des ailes,
Dans tes bras, enlacée. Oups un déséquilibre !

Pas de cacophonie. La magie se poursuit.
Amour et passion occupent mon esprit.
Nous savourons l'intensité de ce moment,
Ô si merveilleux ! Stop arrêtons le présent !

Ne jetons jamais la clé, gardons ce secret,
Souvenir partagé, à moitié pardonné ?
La suite de l'extrait, ah vous la connaissez !
Des répétitions, des refrains, des couplets.

Un porté somptueux, me voilà au sommet,
Légère, inaccessible, libre comme l'air,
Je survole notre grand royaume solaire,
Volupté, grâce, poésie, sérénité.

Un renversé dévoilant la réalité,
De ce monde cruel, bel et bien dévasté.
La vie telle que je l'ignore consciemment,
Relève-moi ! Besoin de bras réconfortants !

Nos pas suivent synchrones et simultanés,
La musique angélique ou bien endiablée ?
Plus qu'un reflet dans un miroir, ma vraie moitié,
Dont je ne pourrais plus jamais me séparer.

Mélodieuses, les secondes se ressemblent,
Comment serait-ce déjà de la nostalgie ?
Moins d'inventivité, plus de mélancolie,
Sur mes hanches arrondies, tes douces mains tremblent.

Collés l'un contre l'autre, nous restons soudés,
Ta peau contre la mienne, petit à petit,
La danse s'use, la cadence ralentit,
Tes rides nous dévoilent ta fragilité.

Je te tiens mais vient le moment tant redouté,
Un léger soupir, ton dernier souffle lancé,
Laissant place à ce long silence approprié,
Marquant ton absence, seule et abandonnée.

Merci d'avoir sublimé ma courte existence,
D'en avoir fait une véritable romance.
D'avoir dansé la vie, l'amour à mes côtés,
Je t'aimerai toujours, n'oublierai jamais.

Délicatement
Ces quelques notes d'amour
Effleurent ton cœur

Le pianiste

Confortablement assis sur mon tabouret
Je me laissais guider par mes émotions
Mes doigts suivaient fougueusement sur le clavier
Les mélodies de mon esprit, sans partition

Les touches noires et blanches actionnées
S'accompagnaient de soupirs, d'interruptions
Miroir de mon âme, reflet de mes pensées,
Clé de mon cœur, et de ses détonations

Gaies, mélancoliques, ou de rêves teintés,
Les notes de musique et leurs vibrations
Résonnaient comme une tempête ensoleillée
À l'aube et au crépuscule, en toute saison

Légères, elles s'agençaient sur leur portée
Dans les airs, jusqu'à t'effleurer, avec raison
Pour t'annoncer mon bonheur d'être à tes côtés
Tout l'amour que je ressens avec passion

Les fleurs du printemps
Aux couleurs harmonieuses
Montrent le chemin

Journée de printemps

Je cueille dans ce paysage de tendresse
Un bouquet de pensées avec délicatesse
Aux pétales doux, légers comme une caresse
Pour une matinée remplie d'allégresse

Je parsème au hasard dans ce grand champs de fleurs
Quelques graines de bonheur avec douceur
Aux bienfaits insoupçonnés, aux riches couleurs
Pour t'offrir un après-midi plein de fraîcheur

Je me prends à rêver par ce ciel étoilé
De cet amour puissant et jamais égalé
Actuellement car étant à tes côtés
Une nuit digne des plus grands contes de fée

Puissance des mots
Expression de l'amour
Te touche en plein cœur

Mot doux

Dans ma tête dansent les mots
Ils tourbillonnent, virevoltent
S'envolent, glissent sur ma peau
Touchent mes doigts qui les récoltent
Réveillent la plume en douceur
Qui se met à noircir le papier
De tendres mots bien alignés
À destination de ton cœur :

Je t'aime !

Jouer avec moi
L'amour ne rigole pas
Comme la musique

Jouer l'amour ?

Ne joue pas avec moi
Comme tu joues avec les mots

Joue avec moi
Comme tu joues du piano

Pas de fausse note
Accordons nos violons
Parfait équilibre

L'amour orchestré

Désaccords
Puis des accords L
                  I
                  B
                  R
                  E
                  S
Pour (re)trouver le parfait équilibre
L'amour dans l'(a phil)harmonie,
Quelle belle symphonie !

Philosophie de vie

Sensibilité
Pour un monde coloré
Vraie arme cachée

Être sensible

Être sensible, c'est voir les choses avec plus de couleurs

C'est accéder à la profondeur,

Être sensible, c'est appréhender le monde et ses subtilités,

C'est enlever le voile et s'approcher de la vérité

Douce gentillesse
Sublime essence du cœur
Répand le bonheur

La gentillesse

*La gentillesse, c'est l'arme des plus lucides pour rendre le
monde meilleur,*

*Chaque acte, chaque mot peut changer la vie, le monde en
profondeur,*

*La gentillesse est loin d'être une faiblesse, c'est la qualité la
plus précieuse, celle qui fait notre beauté intérieure,*

*La gentillesse est une fleur rare à cultiver, qu'il faut semer,
répandre pour des jours de paix et de bonheur,*

*La gentillesse c'est bien plus qu'une valeur, c'est donner,
pardonner, partager... C'est l'intelligence du cœur*

Oser, avancer
Tomber et se relever
Ne jamais faner

Résilience

Faire ses preuves

C'est se relever

À chaque épreuve

Rester comme on est

Fidèle à nos valeurs

Et donner le meilleur

De nous-mêmes, toujours

Semer partout l'amour

Aime intensément
Suis ton cœur, car on y trouve
Les secrets du monde

Commandements du cœur

Choisis ta vie et vis la intensément
Avant que les choix ne s'imposent à toi
Profite de l'instant, du moment présent
Et rends-le meilleur, magique, plein de joie

Aime toujours profondément sans limites
Amis, famille, tous ceux qui le méritent
Aide les autres avec humilité
Bâtis le monde qui te fait tant rêver

Pardonne quand il faut, fais ce qu'il te plaît
Ose vivre à fond pour ne rien regretter
Suis ton cœur, tes valeurs, efface tes peurs
Colore ta vie de notes de bonheur

Apprécie la nature, vois ses bienfaits
Laisse-toi guider par sa diversité
Surtout ne lui manque jamais de respect
Car elle est toujours là pour te ressourcer

Partage, donne ce que tu peux donner
Ton temps, ton attention, tout ton amour
Les petits plaisirs dans la simplicité
Éclaireront ainsi tes jours pour toujours

Savourer la vie
Bonheur du moment présent
Créer la magie

Le bonheur tout simplement

C'est dans la spontanéité
Que naissent les plus beaux moments

C'est avec simplicité
Qu'il faut apprécier chaque instant

Refaire le monde
La tête dans les nuages
Adoucir la vie

La tête dans les nuages

Souvent, je me perds dans mes pensées

À rêver d'autres réalités

Des musiques viennent me bercer

Je ne vois guère le temps passer

Je m'imagine magicienne

Ou guérisseuse des temps modernes

Maniant parfaitement les mots

Pour un monde rempli de douceur

Car c'est lorsqu'on v(o)it avec le cœur

Que tout s'éclaire, tout devient beau

Trace ton chemin
Sois maître de ton destin
Fais ce que tu aimes

Vivre ma vie

J'aime les rires des enfants
Et leur regard si innocent
Toujours aimant sans jugement

J'ai besoin de délicatesse
De douceur comme une caresse
De passion jusqu'à l'ivresse
De toi, tes mains et ta tendresse

Je veux crier la liberté
Créer la sensibilité
Chanter la créativité
Danser la spontanéité
Et souffler la légèreté

Je rêve d'amitié, de joie
Du bonheur tout autour de moi
La gentillesse comme un choix
L'amour au pouvoir tel un roi

De l'irréel à la folie
Avec magie et féerie
Je suis pilote de ma vie

Les yeux d'un enfant
La puissance de la vie
Toute l'innocence

Dans les yeux d'un enfant

Les yeux d'un enfant
D'un bleu transparent
Reflètent l'océan
L'amour innocent

Tendre et doux regard
Toujours plein d'espoir
À bien des égards
De la vie, le miroir

Au fil de ma plume
Je libère mes pensées
Pour me sentir mieux

L'écriture

Rêveuse sensiblement perchée

J'écris ce que je ne peux crier

Exprimer à travers mes pensées

Je dois, dans ma bulle, réfugiée

Par la plume, envoler mes idées

Dans une harmonie, sur le papier,

Pour me sentir libérée, en paix

Chaque lettre sonne
Résonne à travers nos vies
A M O U R

Amour

Aime profondément, partage tes joies

Murmure des mots doux et de jolies notes

Ose être toi-même, fais ce qu'il te plaît

Use de tes talents pour aider les autres

Répand le bonheur partout autour de toi

Images, idées
Qui émanent du silence
Faites-nous rêver

Le silence est d'or

Le silence est mon allié le plus précieux
Il m'emmène dans des paysages fabuleux
Dans lesquels mon esprit s'envole à travers
les cieux

À la recherche de sources d'inspiration
Qui réveillent mon cœur, le mettent en action
Pour y (re)trouver de nouvelles créations

Mondes inconnus L'univers et au-delà

Des milliers de vœux
Sont envoyés dans les cieux
Pour des jours heureux

À travers l'univers

Te souviens-tu de cet endroit caché ?
Que nous seuls connaissons, dans ce quartier,
Lieu privilégié pour nos secrets.
Quelques pièces jetées dans la fontaine,
Regard au loin, vers la mer, et les plaines,
Dans cette quiétude si certaine,
Nous observons le coucher du Soleil,
Dans sa profondeur, la beauté du ciel,
Sa grandeur, sa splendeur qui émerveillent.
Plusieurs étoiles filantes défilent,
Offrant un spectacle brut et subtil,
Fulgurant, en un battement de cils,
Nos vœux sont envoyés, envolés,
Il ne nous reste plus qu'à espérer,
Attendre qu'ils soient bien réalisés.
Dans mes pensées, je me perds, tête en l'air,
Dans la Lune, mon corps pourtant sur Terre,
Des secondes et minutes entières.
Tu me regardes, me prends par la main,
Repenses à nos vies, tout ce chemin,
Parcouru ensemble, c'est le destin.
De la Voie Lactée vers les galaxies,
Plus lointaines, le signal retentit,
Comme un amour profond même infini,
Qui défie les lois de l'Univers,
Éclate comme un grand coup de tonnerre,
Puissant, bouleverse tous nos repères.

J'aime voyager
Au plus profond de mon âme
Des mondes meilleurs

D'autres mondes

Souvent, je pense à l'envers
Je suis à contre-courant
Je n'ai plus les pieds sur Terre
M'envole en un rien de temps
Au delà de nos frontières
Dans de nouveaux univers
Je me sens toute légère
Là-haut, flottant dans les airs

Là-bas, le monde est différent
Il n'y a pas de jugement
On se moque des apparences
Dans le cœur on trouve le sens
De la vie, de nos existences
Libres mais dans une alliance
Connectés avec le vivant
Il n'y a rien de plus puissant

Chacun arrive à être soi-même
Sans se sentir en dehors du système
La sensibilité exprimée
Dans ses multiples variétés
Permet à l'âme de s'élever
Et de laisser la lumière entrer
Au plus profond de soi pour briller
De mille éclats dans cette unité

Et toi t'arrive t-il de voyager
À travers ces mondes regagnés
Par la véritable humanité ?

Songes éveillés
Les danses parmi les astres
Égaient mes journées

Rêveuse

J'ai la tête dans les étoiles
Je danse parmi les astres
La réalité se dévoile
Devant moi et quel désastre
Quand je dois quitter les airs
J'ai toujours eu le mal de Terre!

Enfant de la Lune
Aux rêves étincelants
Éclaire nos nuits

Au pays des songes

Par ma fenêtre, l'enfant de la lune
Chaque nuit m'emmène au pays des songes
Vers des contrées lointaines, dans la brume
Mon esprit libre et léger vagabonde

Danse parmi les astres, virevolte
Comme sur un nuage, avec douceur
Rencontre les étoiles désinvoltes
Qui éclairent nos nuits, toutes en chœur

Enfant de la lune, ne vieillit pas
Car c'est l'innocence de tes histoires
Qui transcende mon âme avec éclat
Dans tes folles aventures du soir

Le monde des rêves
Me submerge, me transporte
Vers toi et les anges

Mondes oniriques

Rêve d'une nuit, rêve d'une vie
Traversant toutes les dimensions
Des mondes réels, des illusions
Emplis d'imaginaire et de magie

Pour faire vibrer mon esprit, mon cœur
Les connecter à l'univers entier
Défier les lois, les propriétés
Et ainsi m'émerveiller en douceur

Songe d'une vénusté infinie
Tes anges et leurs chants mélodieux
S'unissent en parfaite harmonie
Pour me guider jusqu'à toi et les cieux

Rêver l'irréel
Vivre des instants féeriques
Embrasser la vie

Pouvoir nocturne

Quand vient la nuit,

Et que s'en va mon esprit,

Dans des mondes féeriques, je me sens transportée

Au dessus de la réalité, comme transcendée

La lumière vient transpercer mon corps entier,

Pour m'y transférer sagesses et connaissances jusqu'alors

ignorées

Plus légère et rayonnante, radicalement transformée,

Je me réveille de mes rêves en ne me souvenant de rien

Mis à part la sensation d'avoir eu le secret de l'univers entre les

mains

Vie après la mort
Voyage au pays des dieux
Amour éternel

Crois-tu ?

Crois-tu que l'on se retrouvera tout là-haut?
Dans les nuages célestes? Dans l'au-delà?
Revisionnant nos vies comme au cinéma
Les moments douloureux mais aussi les plus beaux
Dans un paysage rayonnant de couleurs
Crois-tu à l'immortalité? Aux vies passées?
À ce que l'on ferait sans nos corps limités
À l'éternité? À ses êtres de douceur
Qui nous guideraient vers la paix intérieure
Dans un monde de plénitude, d'allégresse
Crois-tu au bonheur et à l'infinie sagesse
Au pardon, à l'amour comme unique valeur
Inconditionnel, comme jamais sur Terre
Qui te libère et te fait sentir important
Celui qui apaise, sans aucun jugement
Crois-tu en l'amour, vraie magie de l'Univers ?

Dans le ciel divin
S'émerveillent les étoiles
Qui veillent sur toi

Ma vie après toi

Je lève la tête et je pense à toi
Très fort pour faire trembler les étoiles
Arriver à toi, retirer le voile
Et te faire renaître par la foi

Chaque nuit je rêve de ton visage
Que tu m'emportes dans ton voyage
À visiter de sublimes contrées
Je me sens léger, baigné dans la paix

Sais-tu lire dans mon cœur, mes pensées ?
Combien tu me manques, c'est insensé !
Peut-être m'aperçois-tu de là-haut ?
Peut-être même que tout est plus beau ?

Alors je me questionne toujours :
Sommes-nous réellement séparés ?
Ou es-tu tel un ange à mes côtés ?
Réponse : à jamais liés par l'amour !

Nature

Et par temps d'amour
La météo de mon cœur
Brille en chaque instant

Météo du cœur

La pluie arrose ma vie
Avec ses gouttes de bonheur
Le soleil sèche mes larmes
Ses rayons réchauffent mon cœur
Le vent balaie mes soucis
La brise caresse mon âme
Au loin pas le moindre orage
Je suis sur un petit nuage

Météo, ma tendre amie
Qu'as-tu prévu pour aujourd'hui?

Fleurs, rimes en or
Nature et prose s'allient
Indissociables

La vie, ce doux poème

Dans le jardin des métaphores
Je cultive rêves et rimes
Pour un bouquet de fleurs en or
Aux parfums et quatrains sublimes

Les vers, les roses s'associent,
Dans un métissage vermeil
La prose, l'arbre vert aussi
Sur une plage de merveilles

Nature et poésie se mêlent
Tellement naturellement
Car la vie est un beau poème

Chêne du jardin
Des racines jusqu'au ciel
Ami pour la vie

Le chêne

Il était un vieux chêne
Témoin de mon enfance
Qui me permit de faire
Seul en sécurité
Debout, à ses côtés
Mes premiers pas sur Terre
Grâce à sa bienveillance
Sa force herculéenne

Il était un vieux chêne
Dans mon adolescence
Qui essuya mes larmes
Mêlées à la rosée
De ses feuilles perlées
Et me donna les armes
Pour vivre mes romances
Sans tristesse, ni peine

Il était un vieux chêne
Voyant ma descendance
Tel le bout de ses branches
Qui m'apporta sagesse
Douceur et gentillesse
Donnant vie aux pages blanches
Illustrant mon existence
Avec amour, sans haine

Il était un vieux chêne
Ancré profondément
Témoin incontesté
De l'évolution
Des générations
De cette humanité
Depuis quatre cent ans
Un chêne avec ses cernes

Il était un vieux chêne
Maître de mon domaine
Il était ce beau chêne

Beaux jours du printemps
Il est temps de contempler
La vie dans l'étang

L'étang

Sur un banc, devant un étang,
Je contemple la vie, les gens,
La joie, le rire des enfants,
La promenade des amants,
Les arbres depuis deux mille ans
Leur reflet sur l'eau miroitant
Les poissons libres, frétillants
Leurs écailles couleur argent
Les hérons, leurs becs imposants
Avec leur plumage éclatant
Se redressant élégamment
Au bord du gazon verdoyant
Sur un brin d'herbe, flamboyant
Papillon, signe de beau temps
Cygne majestueux, galant
Maître des lieux assurément
Avec sa tribu avançant
Au gré, au rythme des courants
Les libellules dans le vent
Et les feuilles tourbillonnant
Dans les airs, clamant le printemps
Une hirondelle voltigeant
Au dessus des fleurs du moment
Donnant des parfums enivrants
Cocktail d'arômes succulents
Arrivant à moi sur mon banc
Ne perdant pas un seul instant
De cet havre de paix charmant

Mers et océans
Garants de la vie sur Terre
Aux mille merveilles

Cher océan

Océan, paysage éblouissant
D'un bleu turquoise divin, enivrant
Tu me connectes à la réalité
L'unique, celle qui n'est que beauté

Accompagné de ton sable doré
Qui me file entre les doigts, fin, léger
La douce brise sur mon corps entier
M'apporte un bien-être inespéré

J'adore par-dessus tout écouter
La houle, l'écume se déverser
Et ces oiseaux, en harmonie, chanter
Des mélodies au goût de liberté

Je sens mon esprit partir, divaguer
Quand les vagues viennent me caresser
Effleurer mon âme, me transporter
Dans un monde idéal, toujours rêvé

Doux reflet du ciel bleu les jours d'été
La nuit, tu brilles, deviens étoilé
Miroir de la vie, de l'humanité
Tu pardonnes nos plus sombres secrets

C'est dans tes profondeurs parfois cachées
Qu'on trouve des trésors inexplorés
La tête immergée ou par la plongée
Des écosystèmes insoupçonnés

Les coraux redonnent de la gaieté
De l'éclat aux espèces menacées
Poumon de la Terre, richesse ignorée,
C'est bien toi qui nous permet d'exister

Des abysses à ta surface émergée
En toi les mystères du monde entier
Me rappellent combien je suis vivant
Et tellement petit en même temps.

Nature sauvage
Resplendit par ta beauté
Puissance du monde

Nature du monde

Ouvre ton cœur et tu verras...

La puissance de la nature

La vraie nature de la réalité

Et c'est ainsi que se termine le voyage,
Celui qui se vit à travers les pages.

Car, l'amour, lui, traverse l'espace et le temps,
Pour être présent partout, en chaque instant.

N'oublie pas que tu n'es jamais seul(e)
Y compris dans les moments les plus difficiles.

Nous sommes bien tous connectés,
Pour ne former qu'une seule et même unité.

Alors, prends soin de toi,
Prends soin des autres,
Prends soin du monde animal et végétal,
Et prends soin de la planète.

FIN